Anna Akhmatova

Final Meeting

For Lena

Also by Andrey Kneller:

Wondrous Moment: Selected Poetry of Alexander Pushkin

Evening: Poetry of Anna Akhmatova

Rosary: Poetry of Anna Akhmatova

White Flock: Poetry of Anna Akhmatova

My Poems: Selected Poetry of Marina Tsvetaeva

Backbone Flute: Selected Poetry of Vladimir Mayakovsky

February: Selected Poetry of Boris Pasternak

The Stranger: Selected Poetry of Alexander Blok

Unfinished Flight: Selected Poetry of Vladimir Vysotsky

O, Time…: Selected Poetry of Victoria Roshe

Discernible Sound: Selected Poetry

Table of Contents

Anna Akhmatova

Selected Poetry

1909-1959

***

Ночь моя – бред о тебе,
День – равнодушное: пусть!
Я улыбнулась судьбе,
Мне посылающей грусть.

Тяжек вчерашний угар,
Скоро ли я догорю,
Кажется, этот пожар
Не превратиться в зарю.

Долго ль мне биться в огне,
Дальнего тайно кляня?...
В страшной моей западне
Ты не увидишь меня.

1909, Киев

***

My night – I think of you obsessively,
My day – indifferent: let it be!
I turned and smiled at my destiny
That brought me only misery.

The fumes of yesterday are dire,
The flames that burn me will not die,
It seems to me, this blazing fire
Will not become a sunlit sky.

Shall I endure without conceding
And curse you for not being there?...
You're far away. You'll never see me
Imprisoned in my awful snare.

1909, Kiev

Читая Гамлета

У кладбища направо пылил пустырь,
А за ним голубела река.
Ты сказал мне: "Ну что ж, иди в монастырь
Или замуж за дурака..."
Принцы только такое всегда говорят,
Но я эту запомнила речь,-
Пусть струится она сто веков подряд
Горностаевой мантией с плеч.

1909

Reading Hamlet

The graveyard, wasteland, and the shore,
Where the river shines cool and blue.
You told me: "Get to a nunnery or
Find a fool to marry you…"
That's the sort of thing princes say, I know,
But I'll never forget this one, –
Like an ermine mantle let your words shine and flow
For many years, and on, and on.

1909

***

То ли я с тобой осталась,
То ли ты ушел со мной,
Но оно не состоялось,
Разлученье, ангел мой!
И не вздох печали томной,
Не затейливый укор,
Мне внушает ужас темный
Твой спокойный ясный взор.

1909

***

Either I remained with you
Or you came with me, my angel!
But our fears did not come true,
We avoided separation.
It's not your sigh of deep despair
Or your complex accusations,
But your clear and peaceful stare
That fills my soul with trepidation.

1909

***

Подушка уже горяча
С обеих сторон.
Вот и вторая свеча
Гаснет, и крик ворон
Становится все слышней.
Я эту ночь не спала,
Поздно думать о сне...
Как нестерпимо бела
Штора на белом окне.
Здравствуй!

1909

***

The pillow is already hot
On both its sides.
The second candle's at
Its end and ravens' cries
Are now resounding near.
I didn't sleep this night,
Too late for sleep, I fear…
Oh, how unbearably white
Is this curtain here.
Welcome!

1909

***

Жарко веет ветер душный,
Солнце руки обожгло,
Надо мною свод воздушный,
Словно синее стекло;

Сухо пахнут иммортели
В разметавшейся косе.
На стволе корявой ели
Муравьиное шоссе.

Пруд лениво серебрится,
Жизнь по-новому легка...
Кто сегодня мне приснится
В пестрой сетке гамака?

Январь 1910, Киев

***

The wind is stifling and parching,
Sun-burnt fingers in the grass,
Overhead, the heaven's arches
Are made of blue and fragile glass;

The fallen immortelles are drying,
Near the sickle swinging loose.
Working ants have formed a highway
Running up the twisting spruce.

The silver pond is idly gleaming,
Life is easy – no regret…
O, I wonder whom I'll dream of
In my hammock's motley net?

January 1910, Kiev

***

В комнате моей живет красивая
Медленная черная змея;
Как и я, такая же ленивая
И холодная, как я.

Вечером слагаю сказки чудные
На ковре у красного огня,
А она глазами изумрудными
Равнодушно смотрит на меня.

Ночью слышат стонущие жалобы
Мертвые, немые образа...
Я иного, верно, пожелала бы,
Если б не змеиные глаза.

Только утром снова я, покорная,
Таю, словно тонкая свеча...
И тогда сползает лента черная
С низко обнаженного плеча.

1910

***

In my room there is a serpent,
Slow and gorgeous to behold...
She is calm and introverted,
Much like I, and just as cold.

As I'm writing in the evening,
She is sitting by my side,
Her indifferent eyes won't leave me,
Shining emerald in the night.

In the dark I sob and whimper
But the icons don't reply...
My requests would be so different
If it wasn't for those eyes.

In the morning, when I'm weary,
Like a candle melting thin,
A black ribbon slithers freely
Down across the shoulder skin.

1910

Он любил...

Он любил три вещи на свете:
За вечерней пенье, белых павлинов
И стертые карты Америки.
Не любил, когда плачут дети,
Не любил чая с малиной
И женской истерики
...А я была его женой.

9 ноября 1910, Киев

He loved...

He loved three things in this world:
Evensong, peacocks of white,
And old tattered maps of America.
He despised it when little kids bawled,
Hated tea with preserves, and disliked
Women acting hysterical.
... And I was his wife.

November 9, 1910, Kiev

***

Сжала руки под тёмной вуалью...
"Отчего ты сегодня бледна?"
- Оттого, что я терпкой печалью
Напоила его допьяна.

Как забуду? Он вышел, шатаясь,
Искривился мучительно рот...
Я сбежала, перил не касаясь,
Я бежала за ним до ворот.

Задыхаясь, я крикнула: "Шутка
Всё, что было. Уйдешь, я умру."
Улыбнулся спокойно и жутко
И сказал мне: "Не стой на ветру"

1911

***

Hands wrought under the dark veil...
"What is it that makes you so pale and faint?"
- I'm afraid that I made him drunk with the ale
Of bitter anguish and torturous pain.

Could I forget it? He stumbled out, wavering,
His tormented mouth was twisted and grim....
I ran down the stairs, not touching the railing,
At the end of the walkway, I caught up to him.

I yelled after him: "I was kidding and only.
If you leave me today, I will die."
He turned back and smiled, so unbearably calmly,
"Don't stand in the wind," he replied.

1911

Белой ночью

Ах, дверь не запирала я,
Не зажигала свеч,
Не знаешь, как, усталая,
Я не решалась лечь.

Смотреть, как гаснут полосы
В закатном мраке хвой,
Пьянея звуком голоса,
Похожего на твой.

И знать, что все потеряно,
Что жизнь - проклятый ад!
О, я была уверена,
Что ты придешь назад.

1911

During the white night

I didn't lock the door
And candles weren't lit,
Exhausted, sleepy, sore,
I wouldn't sleep a bit.

I'd watch the lights die down
And gloomy evening firs
And get drunk on the sounds -
A voice, so much like yours.

My loss - a heavy burden,
And life is – agony!
I used to be so certain
That you'd return to me.

1911

Песня последней встречи

Так беспомощно грудь холодела,
Но шаги мои были легки.
Я на правую руку надела
Перчатку с левой руки.

Показалось, что много ступеней,
А я знала - их только три!
Между кленов шепот осенний
Попросил: "Со мною умри!

Я обманут моей унылой
Переменчивой, злой судьбой".
Я ответила: "Милый, милый -
И я тоже. Умру с тобой!"

Это песня последней встречи.
Я взглянула на темный дом.
Только в спальне горели свечи
Равнодушно-желтым огнем.

1911

Song of the final meeting

How helplessly chilled was my chest, yet
My footsteps were nimble and light.
I unconsciously put on my left hand
The glove that belonged on my right.

It seemed that the stairs were endless,
But I knew - there were only three!
Autumn, whispering through the maples,
Pleaded: "Die here with me!

I was blindly deceived by my dreary,
Dismal, changeable Fate." "And I too,"
I responded, "My darling, my dear one,
And I'll also die here with you."

This is the song of the final meeting.
I looked up at your house, all dark inside.
Just the bedroom candles burned with a fleeting,
Indifferent and yellowish light.

1911

***

Любовь покоряет обманно,
Напевом простым, неискусным.
Еще так недавно-странно
Ты не был седым и грустным.

И когда она улыбалась
В садах твоих, в доме, в поле
Повсюду тебе казалось,
Что вольный ты и на воле.

Был светел ты, взятый ею
И пивший ее отравы.
Ведь звезды были крупнее,
Ведь пахли иначе травы,
Осенние травы.

Осень 1911, Царское Село

***

Love conquers, deceitful and slow,
With a soft amateurish refrain.
So strange to think – not long ago
You weren't dejected and gray.

In the garden, at home, in the field,
Whenever she flashed her smile,
Wherever you were, you believed
You were free and out in the wild.

Once taken by her, you glowed
And you drank her poisons, content.
Because all the stars seemed to grow,
And grass had a different scent,
Autumn grass.

Autumn 1911, Tsarskoe Selo

Вечером

Звенела музыка в саду
Таким невыразимым горем.
Свежо и остро пахли морем
На блюде устрицы во льду.

Он мне сказал: "Я верный друг!"
И моего коснулся платья.
Так не похожи на объятья
Прикосновенья этих рук.

Так гладят кошек или птиц,
Так на наездниц смотрят стройных...
Лишь смех в глазах его спокойных
Под легким золотом ресниц.

А скорбных скрипок голоса
Поют за стелющимся дымом:
"Благослови же небеса -
Ты в первый раз одна с любимым".

1913

In the evening

With sadness words cannot describe,
Out in the garden, music played.
The frozen oysters on the plate
Smelled pungently of sea and brine.

He gently touched my evening dress
And said: "I am a loyal friend!"
And yet the contact of his hand
Felt nothing like a true caress.

Thus one might pet a cat, a bird,
Or watch a slender circus rider...
Beneath his golden lashes, hiding
Amusement, happiness and mirth.

And as the smoke diffuses idly,
The doleful fiddles sing above it:
"O, thank the Heavens - finally
First time alone with your beloved."

1913

***

Настоящую нежность не спутаешь
Ни с чем, и она тиха.
Ты напрасно бережно кутаешь
Мне плечи и грудь в меха.
И напрасно слова покорные
Говоришь о первой любви,
Как я знаю эти упорные
Несытые взгляды твои!

1913

***

Real tenderness can't be confused,
It's quiet and can't be heard.
Don't bother, there's really no use
In wrapping my shoulders with fur.
In vain you whisper sweet lies
Of falling under love's spell,
Your stubborn and hungry eyes, -
I'm afraid, I know them too well!

1913

***

Мальчик сказал мне: "Как это больно!"
И мальчика очень жаль.
Ещё так недавно он был довольным
И только слыхал про печаль.

А теперь он знает всё не хуже
Мудрых и старых вас.
Потускнели и, кажется, стали уже
Зрачки ослепительных глаз.

Я знаю: он с болью своей не сладит,
С горькой болью первой любви.
Как беспомощно, жадно и жарко гладит
Холодные руки мои.

Осень 1913

***

The boy said me: "How painful it is!"
I feel for him somehow.
Not long ago, he lived in bliss
And knew no grief till now.

But as of now he surely knows sorrow
No less than the wise and the old.
His eyes are dull and growing narrow,
Their blinding light is cold.

I know: his pain will prove too much,
The pain of first love is intense.
So helpless and feverish is his touch,
Stroking my frigid hands.

Autumn 1913

***

Все мы бражники здесь, блудницы,
Как невесело вместе нам!
На стенах цветы и птицы
Томятся по облакам.

Ты куришь черную трубку,
Так странен дымок над ней.
Я надела узкую юбку,
Чтоб казаться еще стройней.

Навсегда забиты окошки:
Что там, изморозь или гроза?
На глаза осторожной кошки
Похожи твои глаза.

О, как сердце мое тоскует!
Не смертного ль часа жду?
А та, что сейчас танцует,
Непременно будет в аду.

1 января 1913

***

We are all heavy-drinkers and whores,
What a joyless, miserable crowd!
There are flowers and birds on the walls
And the birds all pine for a cloud.

You are smoking your old black pipe
And the smoke looks strange over it.
The skirt that I'm wearing feels tight,
But I hope that it makes me look fit.

What's the weather - thunder or ice?
Here, the windows are all boarded shut.
I examine your face and your eyes
Have the look of a sly cautious cat.

Oh, what sadness I'm feeling inside!
Am I waiting for death's solemn bell?
And the one who is dancing tonight,
She will surely end up in hell.

January 1, 1913

***

Как страшно изменилось тело,
Как рот измученный поблек!
Я смерти не такой хотела,
Не этот назначала срок.

Казалось мне, что туча с тучей
Сшибется где-то в высоте
И молнии огонь летучий
И голос радости могучей,
Как ангелы, сойдут ко мне.

1913

***

There's hardly any body left,
The tortured lips have all but withered!
I didn't want this kind of death,
The time-frame that I chose was different.

I had an image: two big clouds
Collide together, fast and free,
And lightning's fire plummets down,
And mighty ecstasy rings loud,
And both, like angels, come for me.

1913

***

О тебе вспоминаю я редко
И твоей не пленяюсь судьбой,
Но с души не стирается метка
Незначительной встречи с тобой.

Красный дом твой нарочно миную,
Красный дом твой над мутной рекой,
Но я знаю, что горько волную
Твой пронизанный солнцем покой.

Пусть не ты над моими устами
Наклонялся, моля о любви,
Пусть не ты золотыми стихами
Обессмертил томленья мои,—

Я над будущим тайно колдую,
Если вечер совсем голубой,
И предчувствую встречу вторую,
Неизбежную встречу с тобой.

1913

***

I don't think of you often at all,
I'm not interested much in your fate,
But the imprint you've left on my soul
On our trivial meeting won't fade.

I avoid your red house by design,
Your red house overlooking the water,
But I know I disturb every time
Your sun-pierced peaceful order.

It was probably some other person
Who begged for my love, chest to chest,
And it wasn't your golden verses
That immortalized my unrest, -

But I'm reading the future, repeating
All the spells when the evening is blue,
I foresee an additional meeting,
Inescapable meeting with you.

1913

Гость

Все как раньше: в окна столовой
Бьется мелкий метельный снег,
И сама я не стала новой,
А ко мне приходил человек.

Я спросила: "Чего ты хочешь?"
Он сказал: "Быть с тобой в аду".
Я смеялась: "Ах, напророчишь
Нам обоим, пожалуй, беду".

Но, поднявши руку сухую,
Он слегка потрогал цветы:
"Расскажи, как тебя целуют,
Расскажи, как целуешь ты".

И глаза, глядевшие тускло,
Не сводил с моего кольца.
Ни одни не двинулся мускул
Просветленно -злого лица.

О, я знаю: его отрада -
Напряженно и страстно знать,
Что ему ничего не надо,
Что мне не в чем ему отказать.

1 января 1914

The Guest

Everything's the same: the snow
Falls, across the window sweeping,
And I'm no different than before,
Though a man had come to see me.

I asked him then: "What are you after?"
"To be in hell with you," he said.
And I replied to him with laughter,
"You're dooming both of us, my friend."

But reaching with his slender hand,
He brushed the petals of my flowers:
"Tell me how you're kissed and then
Tell me how you kiss the others."

His eyes stared at my ring, uncouth,
Never shifting his dull blank gaze,
That instant, not a muscle moved
On his translucently-wicked face.

O, I know: he will only be pleased
When everything's clear and lucid,
When there's nothing at all he needs,
When there's nothing for me to refuse him.

January 1, 1914

***

Александру Блоку

Я пришла к поэту в гости.
Ровно в полдень. Воскресенье.
Тихо в комнате просторной,
А за окнами мороз

И малиновое солнце
Над лохматым сизым дымом...
Как хозяин молчаливый
Ясно смотрит на меня!

У него глаза такие,
Что запомнить каждый должен;
Мне же лучше, осторожной,
В них и вовсе не глядеть.

Но запомнится беседа,
Дымный полдень, воскресенье
В доме сером и высоком
У морских ворот Невы.

Январь 1914

***

To Alexander Blok

I went in to see the poet.
Noon exactly. On a Sunday.
The spacious room is rather quiet,
But outside there's bitter frost

And the raspberry-colored sun
Shines over shaggy, blue smoke...
The gaze of my silent host
Is clear and focused on me!

The look in his eyes is such
That everyone must remember;
But as for me, being cautious,
I better not see it at all.

But I'll remember our talk,
The smoky afternoon, on Sunday,
In the poet's tall, gray house
By the sea-gates of the Neva.

January, 1914

***

Божий Ангел, зимним утром
Тайно обручивший нас,
С нашей жизни беспечальной
Глаз не сводит потемневших.

Оттого мы любим небо,
Тонкий воздух, свежий ветер
И чернеющие ветки
За оградою чугунной.

Оттого мы любим строгий,
Многоводный, темный город,
И разлуки наши любим,
И часы недолгих встреч.

Сентябрь 1914, Петербург

***

An angel of God, who betrothed us
In secrecy one winter morning,
Keeps his darkened eyes watching over
The life that we live sorrow-free.

That is why we love blue skies,
Cool fresh wind, and fragile air,
And the blackening tree branches
High above the cast-iron fences.

That is why we love this city,
Dark and stern, and full of water,
And we love our separations,
And brief moments when we meet.

September 1914, Petersburg

***

Земная слава как дым,
Не этого я просила.
Любовникам всем моим
Я счастие приносила.
Один и сейчас живой,
В свою подругу влюбленный,
И бронзовым стал другой
На площади оснеженной.

1914

***

The earthly glory is like smoke,
I wanted much more than this.
In all my lovers I evoked
The feelings of joy and bliss.
One is still in love somewhere
With a friend from long ago,
The other stands in the city square,-
A statue of bronze in the snow.

1914

***

Покинув рощи родины священной
И дом, где муза, плача, изнывала,
Я, тихая, веселая, жила
На низком острове, который, словно плот,
Остановился в пышной Невской дельте.
О, зимние таинственные дни,
И милый труд, и легкая усталость,
И розы в умывальном кувшине!
Был переулок снежным и недлинным.
И против двери к нам стеной алтарной
Воздвигнут храм Святой Екатерины.
Как рано я из дома выходила,
И часто по нетронутому снегу,
Свои следы вчерашние напрасно
На бледной, чистой пелене ища,
И вдоль реки, где шхуны, как голубки,
Друг к другу нежно, нежно прижимаясь,
О сером взморье до весны тоскуют,
Я подходила к старому мосту.

Там комната, похожая на клетку,
Под самой крышей в грязном, шумном доме,
Где он, как чиж, свистал перед мольбертом,
И жаловался весело, и грустно
О радости не бывшей говорил.
Как в зеркало, глядела я тревожно
На серый холст, и с каждою неделей
Все горше и страннее было сходство
Мое с моим изображеньем новым.
Теперь не знаю, где художник милый,
С которым я из голубой мансарды
Через окно на крышу выходила
И по карнизу шла над смертной бездной,
Чтоб видеть снег, Неву и облака, -

***

Leaving behind the groves of the sacred homeland,
The house, where the muse wept in lament,
I, cheerful and quiet, found a place
Upon an island, which was like a raft
That stopped out in the delta of the Neva.
O, these peculiar mysterious days of winter,
Sweet labor, and the light fatigue thereafter,
And roses in the washroom pitcher!
The alleyway was short and draped with snow.
The temple of Saint Catherine rose up
To face our doorway with its sanctuary wall.
I left the house early in the morning
And often walked on the untouched fresh snow,
To no avail trying to find the footprints
I left last night upon the pure white mantle
Along the river, where like turtle-doves,
The schooners cuddled with each other gently
And yearned for coastal waters until spring,
I slowly neared the old and rusted bridge.

There was a room resembling a cage,
Beneath the rooftop of the noisy building,
Where like a siskin, whistling by the easel,
He cheerfully complained and often spoke
With sadness of the joy he never felt.
I gazed uneasy, as if gazing in the mirror,
Upon the old gray canvas and each week,
The semblance to the new depiction
Was even stranger and more bitter than the last.
I do not know now where my dear artist is,
The one with whom I walked out through the window
Onto the very rooftop from the attic
And stood upon the ledge before the drop,
To see the snow, the Neva, and the clouds, -

Но чувствую, что Музы наши дружны
Беспечной и пленительною дружбой,
Как девушки, не знавшие любви.

But I can sense our Muses must be friends,
Sharing a carefree, captivating friendship
Like two young girls that never knew of love.

***

Не тайны и не печали,
Не мудрой воли судьбы -
Эти встречи всегда оставляли
Впечатление борьбы.

Я, с утра угадав минуту,
Когда ты ко мне войдешь,
Ощущала в руках согнутых
Слабо колющую дрожь.

И сухими пальцами мяла
Пеструю скатерть стола...
Я тогда уже понимала,
Как эта земля мала.

1915

***

These meeting didn't leave
Any deep understanding of life,
No secrets and no grief,
Just a sense of struggle and strife.

Since morning my arms trembled
With restless uncertainty, -
I had guessed the minute you'd enter
This evening to visit me.

I wrung the cloth in my fingers,
At the table sitting so close…
Even then I started to figure
Just how small this earth truly was.

1915

***

Думали: нищие мы, нету у нас ничего,
А как стали одно за другим терять,
Так, что сделался каждый день
Поминальным днем,-
Начали песни слагать
О великой щедрости Божьей
Да о нашем бывшем богатстве.

12 апреля 1915, Троицкий мост

***

We thought: we're poor and don't own anything,
But as we started to lose one thing after another,
So much that each day became
A remembrance day, -
We began to write songs
About God's immense generosity
And about the wealth we once had.

April 12, 1915, Troitskiy Bridge

***

Как невеста, получаю
Каждый вечер по письму,
Поздно ночью отвечаю
Другу моему:

"Я гощу у смерти белой
По дороге в тьму.
Зла, мой ласковый, не делай
В мире никому".

И стоит звезда большая
Между двух стволов,
Так спокойно обещая
Исполненье снов.

1915

***

Each and every day I get
One letter like a bride.
I'm responding to my friend,
Writing late at night:

"On my way into the dark,
I've stopped in white death's den.
My dear, don't leave an evil mark
On another man."

And a brilliant star gleams
Between two trees at night.
Calmly promising that dreams
Will soon be satisfied.

1915

***

Н.Г. Чулковой

Перед весной бывают дни такие:
Под плотным снегом отдыхает луг,
Шумят деревья весело -сухие,
И теплый ветер нежен и упруг.
И легкости своей дивится тело,
И дома своего не узнаешь,
А песню ту, что прежде надоела,
Как новую, с волнением поешь.

Лето 1915, Слепнево

***

For N.G. Chulkovaya

There are such days before the spring
When meadows rest beneath the snow,
And dry and cheerful branches swing,
And gentle warm winds blow.
You marvel at your body's lightness
And do not recognize your home,
And sing again with new excitement
The song that once seemed tiresome.

Summer 1915, Slepnevo

***

Широк и желт вечерний свет,
Нежна апрельская прохлада.
Ты опоздал на много лет,
Но все-таки тебе я рада.

Сюда ко мне поближе сядь,
Гляди веселыми глазами:
Вот эта синяя тетрадь -
С моими детскими стихами.

Прости, что я жила скорбя
И солнцу радовалась мало.
Прости, прости, что за тебя
Я слишком многих принимала.

1915

***

The evening sky is gold and vast.
I'm soothed by April's cool caress.
You're late. Too many years have passed, -
I'm glad to see you nonetheless.

Come closer, sit here by my side,
Be gentle with me, treat me kind:
This old blue notebook – look inside –
I wrote these poems as a child.

Forgive me that I felt forsaken,
That grief and angst was all I knew.
Forgive me that I kept mistaking
Too many other men for you.

1915

***

Не хулил меня, не славил,
Как друзья и как враги.
Только душу мне оставил
И сказал: побереги.

И одно меня тревожит:
Если он теперь умрет,
Ведь ко мне Архангел Божий
За душой его придет.

Как тогда ее я спрячу,
Как от Бога утаю?
Та, что так поет и плачет,
Быть должна в Его раю.

1915

***

He didn't glorify or scold me,
Like friends or enemies might.
He left his soul behind and told me:
It'll be safer by your side.

I'm concerned with one thing only:
What to do if he should die, -
An angel will take him from me
And return his soul to the sky.

How will I conceal his soul then,
Keep it hidden from God's eyes?
If it sings and weeps so holy
That it belongs in paradise.

1915

***

Я знаю, ты моя награда
За годы боли и труда,
За то, что я земным отрадам
Не предавалась никогда,
За то, что я не говорила
Возлюбленному: "Ты любим".
За то, что всем я все простила,
Ты будешь Ангелом моим.

1916

***

I know that you are my reward
For years of struggle, sweat and pain,
For not accepting any sort
Of earthly pleasures under strain,
For never uttering the words
To my beloved: "You are loved,"
For me forgiving all to all,
You'll be my Angel from above.

1916

***

Все отнято: и сила, и любовь.
В немилый город брошенное тело
Не радо солнцу. Чувствую, что кровь
Во мне уже совсем похолодела.

Веселой Музы нрав не узнаю:
Она глядит и слова не проронит,
А голову в веночке темном клонит,
Изнеможенная, на грудь мою.

И только совесть с каждым днем страшней
Беснуется: великой хочет дани.
Закрыв лицо, я отвечала ей...
Но больше нет ни слез, ни оправданий.

1916. Севастополь

***

All's taken away: my love and my power.
The body, thrown into city it hates,
Finds no joy in the sunlight. With every hour,
The blood grows colder in my veins.

The merry Muse is lately full of grief:
She looks at me and doesn't make a sound.
She lays her head, wearing the darkened wreath,
Upon my chest, exhausted and worn out.

Each day, my conscience rages in a daze:
It fumes, desiring a grand donation.
I used to answer it while covering my face...
But I've got no more tears or explanations.

1916, Sevastopol

***

Мы не умеем прощаться, -
Все бродим плечо к плечу.
Уже начинает смеркаться,
Ты задумчив, а я молчу.

В церковь войдем, увидим
Отпеванье, крестины, брак,
Не взглянув друг на друга, выйдем...
Отчего все у нас не так?

Или сядем на снег примятый
На кладбище, легко вздохнем,
И ты палкой чертишь палаты,
Где мы будем всегда вдвоем.

1917

***

We never quite learned to part, -
We wander slowly side by side.
Outside it's starting to get dark,
I'm silent, you're preoccupied.

We'll enter a church and see
Baptisms, marriages, mass.
A minute later, we'll leave…
Why is everything different with us?

Or we'll sit on the trampled snow
In a dark cemetery and sigh,
With a stick in your hand, you'll draw
A palace for just you and I.

1917

***

Ты всегда таинственный и новый,
Я тебе послушней с каждым днем.
Но любовь твоя, о друг суровый,
Испытание железом и огнем.

Запрещаешь петь и улыбаться,
А молиться запретил давно.
Только б мне с тобою не расстаться,
Остальное все равно!

Так, земле и небесам чужая,
Я живу и больше не пою,
Словно ты у ада и у рая
Отнял душу вольную мою.

Декабрь 1917

***

You're always enigmatic and new
And I am ready to serve your desire,
But the love that I'm getting from you
Is a trial by iron and fire.

You don't allow me to smile or sing,
You've forbid me to pray long ago.
And I'm glad to lose everything
Just so long as you don't let me go!

Thus I live, without singing at all.
Neither sky nor earth is for me.
From both, hell and heaven, you stole
My spirit, which used to be free.

December 1917

***

Н.Рыковой

Все расхищено, предано, продано,
Черной смерти мелькало крыло,
Все голодной тоскою изглодано,
Отчего же нам стало светло?

Днем дыханьями веет вишневыми
Небывалый под городом лес,
Ночью блещет созвездьями новыми
Глубь прозрачных июльских небес, -

И так близко подходит чудесное
К развалившимся грязным домам,
Никому, никому неизвестное,
Но от века желанное нам.

1921

***

For N. Rykovoya

All is traded, betrayed, and languished,
Death's black wing has been flashing in flight,
All is gnawed at by the ravenous anguish...
So how is it that we see the light?

In the day, the woods send a stream
Of cherry through towns nearby,
And new galaxies shimmer and gleam
In the translucent night skies of July, -

Something wondrous nears the neglected
Broken homes, on the verge of its entry,
Still unknown to us, but expected
And desired since the turn of the century.

1921

Муза

Когда я ночью жду ее прихода,
Жизнь, кажется, висит на волоске.
Что почести, что юность, что свобода
Пред милой гостьей с дудочкой в руке.

И вот вошла. Откинув покрывало,
Внимательно взглянула на меня.
Ей говорю: "Ты ль Данту диктовала
Страницы Ада?" Отвечает: "Я".

1924, Казанская, 2

Muse

When at night I'm waiting her arrival,
Life, it seems, is hanging by a thread.
Glory, youth and freedom cannot rival
The joy she brings me, with a flute in hand.

She enters, and before I can discern her,
She stares at me with an attentive eye.
"Were you," I ask, "the cause of the Inferno
For Dante?" – And she answers: "I."

1924, Kazanskaya 2

***

За такую скоморошину,
Откровенно говоря,
Мне свинцовую горошину
Ждать бы от секретаря.

1930

***

For all the foolishness I've said,
The punishment is heavy,
I could receive a pea of lead
From the secretary.[1]

1930

---

[1] **Joseph Stalin:** (December 18, 1878 – March 5, 1953) was General Secretary of the Communist Party of the Soviet Union's Central Committee from 1922 until his death in 1953.

***

Когда человек умирает,
Изменяются его портреты.
По-другому глаза глядят, и губы
Улыбаются другой улыбкой.
Я заметила это, вернувшись
С похорон одного поэта.
И с тех пор проверяла часто,
И моя догадка подтвердилась.

21 января, 7 марта 1940
Ленинград

***

When a person dies,
His portraits change.
His eyes gaze differently and his lips
Smile with a different smile.
I noticed this once I came home
From a funeral of a poet.
And since then I've verified this often
And my theory was always confirmed.

January 21, March 7, 1940
Leningrad

***

Не недели, не месяцы - годы
Расставались. И вот наконец
Холодок настоящей свободы
И седой над висками венец.

Больше нет ни измен, ни предательств,
И до света не слушаешь ты,
Как струится поток доказательств
Несравненной моей правоты.

1940

***

Not weeks, not months, - it took us years
To separate. And finally, today,
We feel true freedom's gentle breeze,
The wreaths on our heads are gray.

There are no more betrayals or treasons,
You don't have to listen all night
To the streaming current of reasons
That certainly show that I'm right.

1940

Учитель

Памяти Иннокентия Анненского

А тот, кого учителем считаю,
Как тень прошел и тени не оставил,
Весь яд впитал, всю эту одурь выпил,
И славы ждал, и славы не дождался,
Кто бы предвестьем, предзнаменованьем,
Всех пожалел, во всех вдохнул томленье -
И задохнулся...

1945

The teacher

In memory of Innokentiy Annensky

And he, whom I regard to be my teacher,
Passed like a shadow, didn't leave a shadow,
Absorbed the poison, drank down all the stupor,
Awaited glory, and couldn't wait for glory.
He was an omen and an augury,
He pitied everyone, breathed languor into all,
And suffocated, short of breath…

1945

***

Меня, как реку,
Суровая эпоха повернула.
Мне подменили жизнь. В другое русло,
Мимо другого потекла она,
И я своих не знаю берегов.
О, как я много зрелищ пропустила,
И занавес вздымался без меня
И так же падал. Сколько я друзей
Своих ни разу в жизни не встречала,
И сколько очертаний городов
Из глаз моих могли бы вызвать слезы,
А я один на свете город знаю
И ощупью его во сне найду.
И сколько я стихов не написала,
И тайный хор их бродит вкруг меня
И, может быть, еще когда-нибудь
Меня задушит...
Мне ведомы начала и концы,
И жизнь после конца, и что-то,
О чем теперь не надо вспоминать.
И женщина какая-то мое
Единственное место заняла,
Мое законнейшее имя носит,
Оставивши мне кличку, из которой
Я сделала, пожалуй, все, что можно.
Я не в свою, увы, могилу лягу.
Но иногда весенний шалый ветер,
Иль сочетанье слов в случайной книге,
Или улыбка чья-то вдруг потянут
Меня в несостоявшуюся жизнь.
В таком году произошло бы то-то,
А в этом - это: ездить, видеть, думать,
И вспоминать, и в новую любовь

***

Like a river I was turned off course
By the cruel and brutal epoch.
My life was counterfeited and it flowed
Into another channel past the other channel.
I never got to know my native shores.
Oh, just how many spectacles I missed,
The curtains rose without me
And, without me, fell. How many friends
Of mine, throughout my life, I never met
And just how many city skylines
Could have evoked my tears,
But I know just one city in the world,
And I can find it, blindfolded, in a dream.
How many poems I did not compose.
Their secret choir now encircles me
And one fine day, perhaps, it may just
Strangle me...
I know all the beginnings, all the ends,
And life after the end, and something else,
Which at the present time, I will not mention.
There is some other woman who has taken
The only place that I once used to claim,
And now she bears my lawful name,
Leaving an alias for me, with which,
I've done the best I could have hoped to do.
The grave I'll lay in will not be my own.
But there are times when wild gusts of spring
Or word arrangements in some casual book
Or someone's smile suddenly will draw
Me back into the life that did not happen.
In such a year this could have happened,
And in such – this: to travel, ponder, see,
And to recall, and enter a new love,

Входить, как в зеркало, с тупым сознаньем
Измены и еще вчера не бывшей
Морщинкой...
Но если бы оттуда посмотрела
Я на свою теперешнюю жизнь,
Узнала бы я зависть наконец...

1945. Ленинград

Like entering a mirror, with blunt awareness
Of treason and the wrinkle that did not exist
A day ago...
But if, from that life that I've lost,
I could have looked and seen my present life,
At last I'd know what envy truly is...

1945, Leningrad

***

Как слепоглухонемая,
Которой остались на свете
Лишь запахи, я вдыхаю
Сырость, прелость, ненастье
И мимолетный дымок...

1959

***

Like someone deaf, blind and mute,
For whom the only thing left
Is the sense of smell, I breathe in
Dampness, mold, inclement weather
And the fleeting, transient smoke...

1959

***

Молитесь на ночь, чтобы вам
Вдруг не проснуться знаменитым.

***

Pray before sleep,
That you don't wake up famous.

Реквием

> Нет, и не под чуждым небосводом,
> И не под защитой чуждых крыл, -
> Я была тогда с моим народом,
> Там, где мой народ, к несчастью, был.
> 1961

Вместо Предисловия

В страшные годы ежовщины я провела семнадцать месяцев в тюремных очередях в Ленинграде. Как-то раз кто-то «опознал» меня. Тогда стоящая за мной женщина с голубыми губами, которая, конечно, никогда в жизни не слыхала моего имени, очнулась от свойственного нам всем оцепенения и спросила меня на ухо (там все говорили шепотом):

— А это вы можете описать?
И я сказала:
— Могу.

Тогда что-то вроде улыбки скользнуло по тому, что некогда было ее лицом.

1 апреля 1957
Ленинград

Requiem

> Not under foreign skies, aghast,
> Nor cradled by strange wings, - I trembled
> There, with my people, where, alas,
> My people patiently assembled.
> 1961.

Instead of a Preface

In the dreadful years of the Yezhov terror[2], I spent seventeen months standing in line in front of prisons of Leningrad. One day, someone "recognized" me. Then, a woman standing behind me with blue lips, who, surely, has never heard my name in her life, came out of the trance that was common to all of us and whispered in my ear (everyone there spoke only in whispers):

--Can you depict this?
And I said:
--I can.

At that moment, something akin to a smile flashed by across what was once her face.

April 1, 1957
Leningrad

---

[2] In the Russian language, Stalin's 1930s purges are named after Nikolai Yezhov, the psychotic chief of the secret police, or NKVD. Yezhov enthusiastically participated in torture sessions and took pride in wearing "the blood of enemies" on his uniform. When Stalin at last decreed his execution, Yezhov begged on his knees for his life. When it was clear that all pleading was futile, Yezhov declared, "Tell Stalin that I shall die with his name on my lips."

Посвящение

Перед этим горем гнутся горы,
Не течет великая река,
Но крепки тюремные затворы,
А за ними «каторжные норы»
И смертельная тоска.
Для кого-то веет ветер свежий,
Для кого-то нежится закат -
Мы не знаем, мы повсюду те же,
Слышим лишь ключей постылый скрежет
Да шаги тяжелые солдат.
Подымались как к обедне ранней.
По столице одичалой шли,
Там встречались, мертвых бездыханней,
Солнце ниже и Нева туманней,
А надежда все поет вдали.
Приговор... И сразу слезы хлынут,
Ото всех уже отделена,
Словно с болью жизнь из сердца вынут,
Словно грубо навзничь опрокинут,
Но идет... Шатается... Одна...
Где теперь невольные подруги
Двух моих осатанелых лет?
Что им чудится в сибирской вьюге,
Что мерещится им в лунном круге?
Им я шлю прощальный мой привет.

Март 1940

Dedication

Faced with this grief, the mountains bend,
The mighty river stops its flow,
But iron bolts won't even dent,
Behind them - "the convicts' den"[3]
And somber deathly woe.
Some people feel the soothing breeze,
For some the sun shines red –
For us these wonders long have ceased,
We only hear the grinding keys
And soldiers' heavy tread.
We rose as though to early mass
And crossed the capital in throngs,
More breathless than the ones who've passed,
The Neva's hazy, overcast,
But hope continues with its song.
There's the verdict... Tears burst loud,
She's singled out, on her own,
As if her life has been ripped out,
As if she's thrown onto the ground...
She's staggers... stumbling... alone...
Where are the friends with whom I've shared
Two years of living in that hell?
What blizzards do they have to bear?
What visions in the lunar glare?
To them I'm sending this farewell.

March, 1940

---

[3] An allusion to a poem by Aleksander Pushkin written in 1827, expressing support for the Decembrists in exile. The Decembrist uprising occurred in the Senate Square in St. Petersburg in 1825, as Russian army officers led about 3,000 soldiers in a protest against Nicholas I's assumption of the throne.

Вступление

Это было, когда улыбался
Только мертвый, спокойствию рад.
И ненужным привеском болтался
Возле тюрем своих Ленинград.

И когда, обезумев от муки,
Шли уже осужденных полки,
И короткую песню разлуки
Паровозные пели гудки.

Звезды смерти стояли над нами,
И безвинная корчилась Русь
Под кровавыми сапогами
И под шинами черных марусь.

Prologue

Only the dead smiled back in those days,
Being at peace and safe from abuse,
Leningrad hung by the prison gates, dazed,
As an appendage without any use.

The convicts passed by in endless platoons,
Maddened by torment, disheartened,
The train whistles bellowed a saddening tune,
The song of definitive parting.

Stars of death cast their gazes between us,
Guiltless Russia ached to her roots,
Beneath the tires of black marias[4],
And the weight of blood-splattered boots.

---

[4] A slang terms for the automobiles by the NKVD while making arrests.

I

Уводили тебя на рассвете,
За тобой, как на выносе, шла,
В темной горнице плакали дети,
У божницы свеча оплыла.

На губах твоих холод иконки.
Смертный пот на челе... не забыть!
Буду я, как стрелецкие женки,
Под кремлевскими башнями выть.

1935

I

They took you at dawn, I remember,
As though to the wake, I trailed,
Children wept in a darkened chamber,
And the icon candle grew frail.

Your lips kept the icon's chill.
Deathly sweat – I remember it all!
Like the wives of the Streltsy[5], I will
Moan for you by the Kremlin Wall.

1935

---

[5] In the year 1698, the Russian palace guard, or Streltsy, mutinied against
the policies of Peter the Great. Those involved were subjected to brutal
executions, including being broken on the wheel and burial alive. As in the
time of Stalin, the cities were filled with destitute wives and children of the
regime's victims.

II

Тихо льется тихий Дон,
Желтый месяц входит в дом.
Входит в шапке набекрень -
Видит желтый месяц тень.

Эта женщина больна,
Эта женщина одна,
Муж в могиле, сын в тюрьме,
Помолитесь обо мне.

1935

II

The Don runs softly in the night,
The yellow crescent walks inside.
It enters, with its hat askance –
And sees a shadow in a trance.

It's a woman who needs help,
It's a woman, by herself,
Her spouse - dead, her son – in jail. [6]
I am she. Please, say a prayer.

1935.

---

[6] Anna Akhmatova's first husband, the poet Nikolai Gumilyov, was
arrested and shot in 1922. The Soviet secret police falsely accused him, and
several other veterans of the Tsar's army, of planning a monarchist coup.
Akhmatova's son, Lev Gumilyov, was arrested and imprisoned in 1935.
Akhmatova spent 17 months in queues near prison gates.

III

Нет, это не я, это кто-то другой страдает.
Я бы так не могла, а то, что случилось,
Пусть черные сукна покроют,
И пусть унесут фонари.
Ночь.

III

No, it's not I, someone else is suffering.
I wouldn't bear it, and all that has happened,
Let it be covered with a thick black cloth,
And let the lanterns be taken away.
Night.

IV

Показать бы тебе, насмешнице
И любимице всех друзей,
Царскосельской веселой грешнице,
Что случилось с жизнью твоей.
Как трехсотая, с передачею,
Под Крестами будешь стоять
И своей слезою горячею
Новогодний лед прожигать.
Там тюремный тополь качается,
И ни звука. А сколько там
Неповинных жизней кончается...

1938

IV

If only you, the fool from long ago,
The favorite of every single friend,
The carefree sinner of the Tsarskoe Selo,[7]
Could see your future to its full extent.
Waiting three-hundredth in an endless line,
Beneath The Crosses, carrying supplies,
You'd notice how the blazing drops of brine
Burn to the ground through the new year's ice.
The prison poplars sway with such allure
And not a sound follows. Can you fathom,
How many lives must end there premature...

1938

---

[7] Tsarskoye Selo is a suburb of St. Petersburg best known for its imperial palaces and its lyceum. The great Russian poet, Aleksander Pushkin graduated from the Lyceum 1817. He has immortalized Tsarskoye Selo in his poetry as a literary image. Akhmatova, who moved there with her husband, Nikolai Gumilyov, at the beginning of the twentieth century, has always considered Pushkin to the ideal of Russian poetry and Tsarskoye Selo became her link to Russia's rich literary tradition.

V

Семнадцать месяцев кричу,
Зову тебя домой.
Кидалась в ноги палачу -
Ты сын и ужас мой.
Все перепуталось навек,
И мне не разобрать
Теперь, кто зверь, кто человек,
И долго ль казни ждать.
И только пышные цветы,
И звон кадильный, и следы
Куда-то в никуда.
И прямо мне в глаза глядит
И скорой гибелью грозит
Огромная звезда.

1939

V

For seventeen months I plead
For you to come home again,
On my knees at the hangman's feet, -
You're my son and my dread.
I'm afraid that I can't comprehend,
All tangled, in utter confusion,
Who's an animal, who's a man,
And the date of your execution.
There are just flowers in a veil
Of dust, the censer, and a trail
Of footprints leading far.
And staring straight into my eyes
With threats of imminent demise,
There is a giant star.

1939

VI

Легкие летят недели,
Что случилось, не пойму.
Как тебе, сынок, в тюрьму
Ночи белые глядели,
Как они опять глядят
Ястребиным жарким оком,
О твоем кресте высоком
И о смерти говорят.

1939

VI

Weeks fly by to no avail,
I can't comprehend this mess.
My dear son, with such distress,
White nights gazed into your jail,
It's as if they've never left,
Eyes of eager hawks, engrossed,
They discuss your heavy cross
And again they talk of death.

1939

VII

Приговор

И упало каменное слово
На мою еще живую грудь.
Ничего, ведь я была готова,
Справлюсь с этим как-нибудь.

У меня сегодня много дела:
Надо память до конца убить,
Надо, чтоб душа окаменела,
Надо снова научиться жить.

А не то... Горячий шелест лета,
Словно праздник за моим окном.
Я давно предчувствовала этот
Светлый день и опустелый дом.

Лето 1939. Фонтанный Дом

VII

The Verdict

Onto my barely living chest,
The stone of the verdict fell.
But I was ready for this test,
Somehow, I'll bear this hell.

So much that I must do alone:
I'll start by erasing the past,
I'll turn my living soul to stone
And learn to live at last.

Or else... The summer, on display,
Still gleams for some occasion.
I have foreseen this sunny day,
The vacant home, the desolation.

Summer 1939. Fontannyi Dom

VIII

К Смерти

Ты все равно придешь. — Зачем же не теперь?
Я жду тебя — мне очень трудно.
Я потушила свет и отворила дверь
Тебе, такой простой и чудной.
Прими для этого какой угодно вид,
Ворвись отравленным снарядом
Иль с гирькой подкрадись, как опытный бандит,
Иль отрави тифозным чадом,
Иль сказочкой, придуманной тобой
И всем до тошноты знакомой, -
Чтоб я увидела верх шапки голубой
И бледного от страха управдома.
Мне все равно теперь. Струится Енисей,
Звезда полярная сияет.
И синий блеск возлюбленных очей
Последний ужас застилает.

19 августа 1939
Фонтанный Дом

VIII

To Death

You'll come. – Why delay any more?
I'm waiting – life's hard to endure.
For you I have opened the door
You'll enter, so wondrous and pure.
Take on any form, - take your pick,
Burst in like some poisonous gas,
Or creep, like a crook, with a brick,
Or like typhus, come in with a gasp,
Or a story you've simply made up,
So common, it's making me nauseous –
I'll see the policeman's blue cap
And the janitor, frightened and cautious.
The Yenisey is flowing. In the skies,
The Polar Star is lit. My fate is sealed.
The sparkle of the blue beloved eyes
Is veiled by the horror's last ordeal.

August 18th, 1939
Fontannyi Dom

IX

Уже безумие крылом
Души накрыло половину,
И поит огненным вином
И манит в черную долину.

И поняла я, что ему
Должна я уступить победу,
Прислушиваясь к своему
Уже как бы чужому бреду.

И не позволит ничего
Оно мне унести с собою
(Как ни упрашивай его
И как ни докучай мольбою):

Ни сына страшные глаза -
Окаменелое страданье,
Ни день, когда пришла гроза,
Ни час тюремного свиданья,

Ни милую прохладу рук,
Ни лип взволнованные тени,
Ни отдаленный легкий звук -
Слова последних утешений.

4 мая 1940

IX

Now madness covers with its wing
Half of my soul from fear,
It gives me fiery wine to drink
And darkness lures me near.

I've come to see the resolution,
And I must cede the throne
And hearken to my own delusion
As if it ceased to be my own.

(However much I try to plead,
And beg for mercy's sake)
It will not grant me what I need, -
The things I'd like to take:

My child's chilling frightening stare –
The torment's heavy rock,
The jail visits that we shared,
The day when thunder struck,

The coolness of the hands I stroked,
The lime tree's agitation,
The light and distant words we spoke
In parting consolation.

May 4, 1940

Распятие

«Не рыдай Мене, Мати,
во гробе зрящи».

1

Хор ангелов великий час восславил,
И небеса расплавились в огне.
Отцу сказал: «Почто Меня оставил?»
А Матери: «О, не рыдай Мене...»

2

Магдалина билась и рыдала,
Ученик любимый каменел,
А туда, где молча Мать стояла,
Так никто взглянуть и не посмел.

Crucifixion

"Do not weep for me, Mother,
Seeing me in the coffin."[8]

1

The choir of angels sang out heavenly,
The sky was melted into a fiery sea.
To the Father: "Why hast thou forsaken me?"
To the Mother: "Do not weep for me."

2

Magdalene wept in a furious daze,
The dear disciple stood still, like a stone.
But no one was daring to gaze
Where His Mother stood silent, alone.

---

[8] The quote is taken from the Ninth Ode of the Canon of the Blessed
Saturday in the Orthodox Christian Celebration. "Lament not for me,
Mother, beholding me in the grave, the son whom you have born in seedless
conception, for I will arise and be glorified, and will exalt with glory,
unceasingly as God, all those who with faith and love glorify you."

Эпилог

1

Узнала я, как опадают лица,
Как из-под век выглядывает страх,
Как клинописи жесткие страницы
Страдание выводит на щеках,
Как локоны из пепельных и черных
Серебряными делаются вдруг,
Улыбка вянет на губах покорных,
И в сухоньком смешке дрожит испуг.
И я молюсь не о себе одной,
А обо всех, кто там стоял со мною,
И в лютый холод, и в июльский зной,
Под красною ослепшею стеною.

2

Опять поминальный приблизился час.
Я вижу, я слышу, я чувствую вас:
И ту, что едва до окна довели,
И ту, что родимой не топчет земли,
И ту, что красивой тряхнув головой,
Сказала: «Сюда прихожу, как домой».
Хотелось бы всех поименно назвать,
Да отняли список, и негде узнать.
Для них соткала я широкий покров
Из бедных, у них же подслушанных слов.
О них вспоминаю всегда и везде,
О них не забуду и в новой беде,
И если зажмут мой измученный рот,
Которым кричит стомильонный народ,
Пусть так же они поминают меня
В канун моего погребального дня.

Epilogue

I've come to know how tired faces shrivel,
How fear, from underneath the eyelids, peeks,
How suffering and torment leaves a scribble
Of cuneiform across the dried up cheeks,
I've seen how dark or ash-blond strands of hair
Would unexpectedly turn silver soon thereafter,
How smiles fade from the submissive stares,
And terror trembles in the hollow laughter.
And now I pray, not for myself, for all
Who stood beside me on that very street,
Beneath the blind and towering red wall,
Through bitter chill and scorching July heat.

2

The hour of remembrance is here once again.
I see, I hear, I feel you near, my friends:
The one by the window, who could barely stand,
The one who no longer walks on this land,
She flung back her hair as she said with a tear:
 "I feel like I'm home every time I come here."
I wish I could call each by name, but the list
Was taken away and no longer exists.
For all of them, I have woven this shawl
From fragments of phrases I took from them all.
I think of them always, wherever I go.
I'll never forget them in new times of woe.
And soon, when my mouth is sealed once again, -
The mouth that screamed for a million men, -
Let them remember me in a similar way, -
On the eve of my future remembrance day.

А если когда-нибудь в этой стране
Воздвигнуть задумают памятник мне,
Согласье на это даю торжество,
Но только с условьем — не ставить его
Ни около моря, где я родилась
(Последняя с морем разорвана связь),
Ни в царском саду у заветного пня,
Где тень безутешная ищет меня,
А здесь, где стояла я триста часов
И где для меня не открыли засов.
Затем, что и в смерти блаженной боюсь
Забыть громыхание черных марусь,
Забыть, как постылая хлопала дверь
И выла старуха, как раненый зверь.
И пусть с неподвижных и бронзовых век
Как слезы струится подтаявший снег,
И голубь тюремный пусть гулит вдали,
И тихо идут по Неве корабли.

Март 1940
Фонтанный Дом

And if, in this country, they come to agree
To raise up a statue in remembrance of me,
I'll grant my consent to this fine celebration –
Only if promised that it never be stationed
In the land of my birth, by the picturesque coast,
(My last link to the sea has already been lost),
And not in Tsar's garden, by the sacred old tree,
Where the grief–stricken shadow is looking for me,
But here, where I stood for three hundred hours,
Where the strong iron bars obstructed the towers.
For even in death I'm afraid to forget
The way black marias clanged up ahead,
The way the gate shut when it was released,
As the old woman wailed like a wounded beast.
And there, unexpectedly, teardrops will flow
From the eyelids of bronze with the melting of snow,
And prison-yard pigeons will rise to the sky,
As the ships, on the Neva, pass quietly by.

March 1940
Fontannyi Dom

Anna Akhmatova (June 23, 1889 - March 5, 1966) is considered by many to be one of the greatest Russian poets of the Silver Age. Her works range from short lyric love poetry to longer, more complex cycles, such as Requiem, a tragic depiction of the Stalinist terror. One of the forefront leaders of the Acmeism movement, which focused on rigorous form and directness of words, she was a master of conveying raw emotion in her portrayals of everyday situations. During the time of heavy censorship and persecution, her poetry gave voice and hope to the Russian people.

9 781438 234731